et la chasse aux cocos de Pâques

Gouvernement du Québec – Programme de crédit d'impôt
pour l'édition de livres – Gestion Sodec

info@lesmalins.ca

Éditeur : Marc-André Audet
Conception graphique et montage : Energik Communications
Couleurs : Julien Paulhiac

Dépôt légal – Bibliothèque et Archives nationales du Québec, 2011
Dépôt légal – Bibliothèque et Archives Canada, 2011

ISBN : 978-2-89657-113-0

Imprimé au Canada

Les éditions Les Malins
1447, rue Wolfe
Montréal (Québec)
H2L 3J5

C’est dimanche. Le soleil brille dans le ciel, le gazon se pointe le bout du nez et les oiseaux se racontent des histoires par milliers.

« **Pac pac pac** »,
raconte l’hirondelle à ses amis.

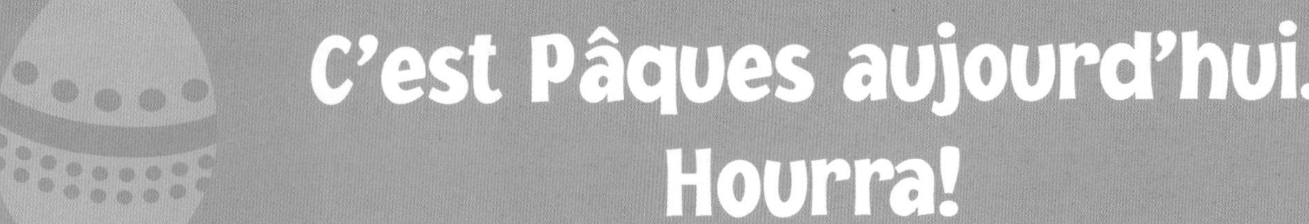

C’est Pâques aujourd’hui.
Hourra!

Fafounet adore Pâques, car, pour lui,
Pâques veut dire chocolat comme
dans manger du chocolat.

Que fait-il d'ailleurs, ce Fafounet ?
Il devrait être debout à cette heure-là !
Allons le réveiller pour lui dire
quelle belle journée l'attend.

Fafounet! Fafounet! **Debout** !

C'est Pâques !

« Fafouneeeet, dit sa maman,
j'ai une surprise pour toi ! »

« **Une surprise** ? Oui! Je veux une surprise! C'est formidable! » dit-il.

« J'ai caché des petits œufs en chocolat partout dans la maison.
À toi de les trouver ! »
s'exclame sa maman.

1

Fafounet saute de joie. Il aperçoit par la fenêtre son voisin Fafoundé, qui joue dans la ruelle.
« Maman, est-ce que Fafoundé peut profiter de ma surprise lui aussi? »

« Bien sûr! Tu pourrais l'inviter à trouver les œufs en chocolat avec toi. Qu'en penses-tu ? »

« **Youpi**! Bonne idée ! » s'exclame Fafounet.

Fafounet saute en bas de son lit et,
en moins de trente secondes,
sort de sa chambre tout habillé.

Puis, il chausse ses bottes de pluie pour
aller dans la ruelle rejoindre Fafoundé,
qui sautille dans les flaques d'eau.

« Salut, Fafoundé ! Est-ce que tu as déjà fait une chasse aux cocos de Pâques, toi ? »

Fafoundé le regarde avec une drôle de tête. « Non, jamais!
Mais ça doit être **fantastique**! »

Fafounet saute dans l'eau :
« Alors, je t'invite chez moi ! Tu vas voir,
c'est absolument génial ! »

Maman Fafounet explique à son petit garçon une règle très importante pour la chasse aux cocos.

« Vous devez chercher les cocos de Pâques ensemble, et à la fin du jeu, je vais les séparer en parts égales entre vous deux. D'accord ? »

« D'accord. Maman! Peut-on commencer la chasse maintenant? »

1,2,3... c'est parti!

Fafounet et Fafoundé fouillent partout dans le salon.
« J'en ai un ! » crie Fafoundé.

Peux-tu aider Fafounet et Fafoundé à trouver d'autres cocos de Pâques?

Peux-tu identifier le coco rouge avec des pois blancs?

C'est au tour de Fafounet
de trouver un beau petit coco.
Il regarde en dessous de son lit,
étire sa patte et...
sent une petite boule dure.

« **Ah! Ah! Je t'ai eu, petit coco!** »

Après le salon et la chambre,
il y a la salle de bain.

« C'est la catastrophe ! »
s'exclame Fafounet.

« Je ne trouve aucun coco ! »

Les vois-tu les cocos en chocolat, toi ?
Dis à Fafounet et Fafoundé où regarder !

Fafounet et Fafoundé ont passé
la maison au peigne fin.
Ils ont fouillé partout,
dans tous les petits trous,
les petites craques, dessus, dessous,
en arrière et sur les côtés.

Combien ont-ils ramassé
de cocos en chocolat chacun ?

« J’en ai ramassé plus que toi ! »
dit Fafounet.

« C’est vrai »,
répond Fafoundé la mine triste.

« Fafounet, est-ce que j'ai besoin de te rappeler **la règle d'or** ? » lui dit sa maman.

Quand maman parle sur ce ton-là, il ne faut pas rigoler. Il faut écouter.

Fafounet regarde ses cocos en chocolat.
Même s'il aurait envie de tous les garder,
il en fait rouler deux vers Fafoundé.

« Je me suis bien amusé. Et toi, Fafoundé ? »

« C'était fantastique, la chasse aux cocos de Pâques »,
dit Fafoundé.

Fafounet est heureux. « C'est bien plus drôle de chasser les cocos en bonne compagnie. »

« Joyeuses Pâques, les amis ! »

Fafounet

De la même collection, découvrez aussi :

Fafounet voit la vie en vert

Fafounet Le mystère d'Halloween

Fafounet La surprise de Noël

Fafounet Part en voyage

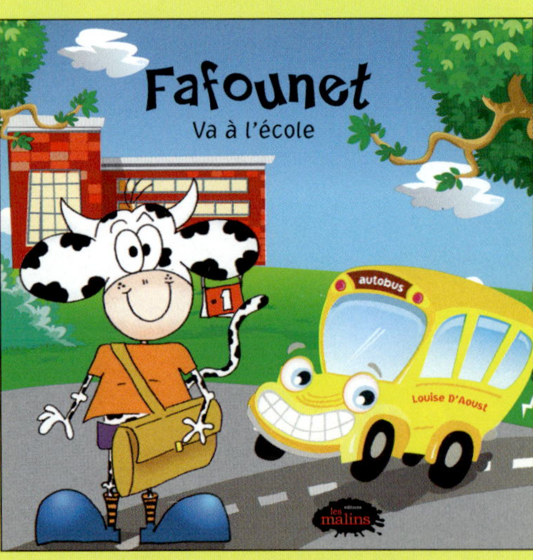

Fafounet va à l'école